Auf dem Flughafen

Fiona Patchett

Gestaltung: Nicola Butler, Michelle Lawrence

Illustrationen: Colin King, Mark Ruffle und Ian McNee

Fachberatung: L.F.E. Coombs

Lesedidaktische Beratung: Alison Kelly

Inhalt

Viel Flugverkehr

Flugzeuge fliegen zu verschiedenen Zielen überall auf der Welt.

Diese Flugzeuge werden gerade startklar gemacht.

Sieh an!

Dieses Flugzeug ist ein Jumbojet.
Über 400 Fluggäste kann es transportieren.

Es besteht aus stabilem, leichtem Metall.

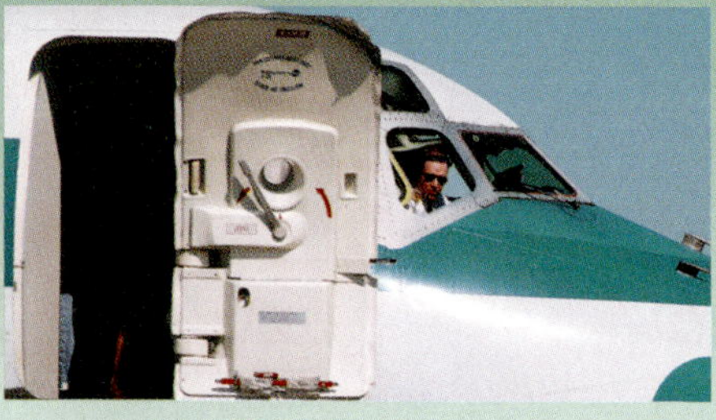

Der Pilot sitzt im Cockpit ganz vorne im Flugzeug.

Für die Fluggäste gibt es in der Kabine ungefähr 70 Reihen mit Sitzplätzen.

Damit das Flugzeug fliegen kann, müssen Tragflächen und Heck besonders geformt sein.

Jumbojets haben vier starke Triebwerke, von denen sie beim Fliegen angetrieben werden.

Jumbojets sind die größten Passagier-Flugzeuge. Flugzeuge, die noch größer sind, transportieren Waren wie Lebensmittel oder die Post.

Auf dem Flughafen

Auf Flughäfen ist viel los!
Um die Flugzeuge für den Abflug vorzubereiten
arbeiten viele Menschen zusammen.

Die Passagiere warten in einem Gebäude, das man Terminal nennt

Das Bodenpersonal macht das Flugzeug startklar.

Die Flugzeuge
starten und landen
auf der Rollbahn.

Sie parken nahe des Terminals
in einem besonderen Bereich,
der Vorfeld heißt.

Die Flugabfertigung

Die Fluggäste geben ihr Gepäck
an einem Schalter in der Abflughalle ab.

Sie zeigen ihren Flugschein vor.
Ihr Gepäck erhält einen Anhänger,
auf dem eine Nummer steht.

Der Computer erkennt an der
Nummer, zu welchem Flugzeug das
Gepäck transportiert werden muss.

Das Gepäck wird auf einem
Band weitertransportiert und
in große Container geladen.

Tiere reisen in eigenen Containern.

Sie bekommen am Schalter eine Nummer.

Manchmal werden große Tiere per Flugzeug in Zoos oder Tierparks transportiert.

Kannst du den Rüssel des Elefanten sehen?

Bei manchen Fluggesellschaften darf dein Haustier unter dem Sitz in der Kabine mitreisen.

Sicherheitskontrolle!

Damit die Fluggäste nichts Gefährliches mit in das Flugzeug nehmen, werden sie vor dem Flug kontrolliert.

Die Reisenden zeigen ihren Ausweis oder ihren Reisepass vor.

Sie gehen durch eine Sicherheitsschranke.

Wenn sie etwas aus Metall bei sich tragen, wird der Alarm ausgelöst.

Das gesamte
Handgepäck
muss durch
eine Röntgenanlage.

Auf einem Bildschirm sind die Formen aller Dinge zu sehen, die in der Tasche enthalten sind.

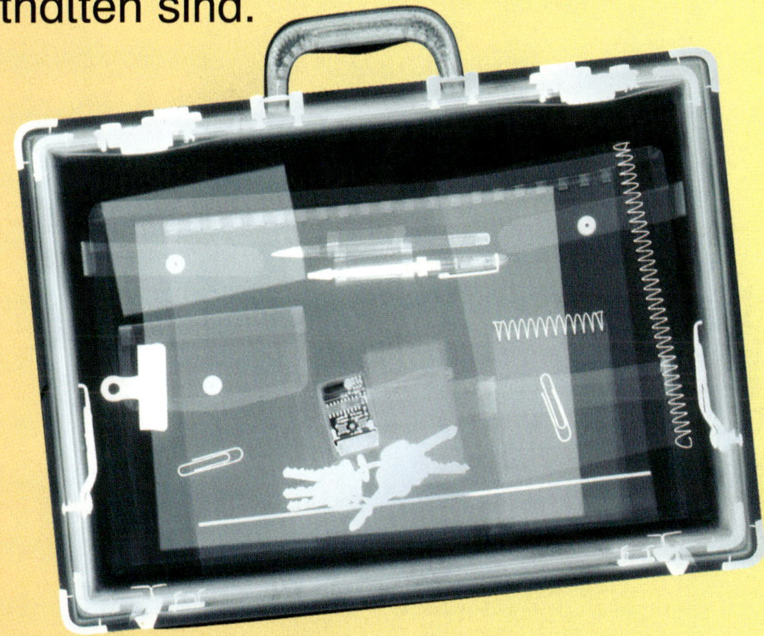

Siehst du die Schlüssel und die Büroklammer im Koffer?

Schließlich warten die Reisenden im Abflugbereich, bis ihr Flugzeug startklar ist.

Die Vorbereitungen

Das Flugzeug wird mit
Treibstoff betankt.
Die Tanks sind in den
Tragflächen.

Unterhalb der Rollbahn befinden sich Treibstofftanks. Ein Lastwagen pumpt den Treibstoff in das Flugzeug.

Der Treibstoff für Flugzeuge ist entweder durchsichtig oder rosa!

Der Pilot informiert sich über das Wetter und plant die Flugstrecke.

Der Computer hilft ihm auszurechnen, wie viel Treibstoff benötigt wird.

Die Triebwerke werden kontrolliert. Funktionieren sie perfekt? Schließlich soll das Flugzeug heil ankommen!

Das Beladen des Flugzeugs

Das Flugzeug wird mit Gepäck, Essen und Getränken beladen.

Der Lastwagen liefert fertige Mahlzeiten für die Passagiere. Auf dem Anhänger werden sie hochgefahren.

Nun wird das Essen in das Flugzeug gerollt.

Es wird in der Bordküche untergebracht.

Manchmal reisen sogar ein paar Autos mit!

Eine Hebebühne hebt die Gepäckcontainer zum Flugzeug hoch. Die Container werden in einem großen Raum unterhalb der Kabine verstaut.

Gleich geht's los!

Nachdem die Passagiere an Bord gegangen sind, wartet der Pilot auf Starterlaubnis.

Die Flugsicherung überwacht die Flugzeuge vom Kontrollturm aus.

Auf verkehrsreichen Flughäfen startet oder landet alle 90 Sekunden ein Flugzeug.

Die Fluglotsin kann auf ihrem Bildschirm alle Flugzeuge in der Nähe des Flughafens sehen.

Sie informiert die Piloten, sobald die Bahn frei für den Start ist.

Der Flugcomputer und die Kontrollinstrumente helfen den Piloten und den Kopiloten dabei, das Flugzeug zu fliegen.

Der Abflug

Der Pilot fährt mit dem Flugzeug Richtung Startbahn und bereitet sich zum Abflug vor.

Der Pilot betätigt die Hebel.
Das Flugzeug fährt sehr schnell.

Er zieht den Steuerknüppel zu sich heran. Das Flugzeug hebt vom Boden ab.

Flugzeuge rasen schneller als Rennwagen über die Startbahn.

Die Räder klappen an der Unterseite des Flugzeugs ein.

Die Tragflächen sind gewölbt. Die Luft fließt sehr schnell darüber hinweg.

So entsteht ein Sog, der das Flugzeug nach oben zieht.

Über den Wolken

Das Flugzeug fliegt immer höher.

Auf langen Flügen nutzt der Pilot einen Computer, der für ihn das Flugzeug fliegt. Er wird Autopilot genannt.

Der Pilot drückt einige Knöpfe und aktiviert so den Autopiloten.

Entweder der Pilot oder der Kopilot muss zur Sicherheit im Cockpit bleiben.

Die Luft über den Wolken ist sechsmal so kalt wie die in einer Tiefkühltruhe.

Über den Wolken fliegt es sich leichter. Das Flugzeug wird weniger durchgerüttelt.

Richtungswechsel

Die Fluglotsen informieren den Piloten, sobald das Flugzeug die Richtung ändern muss.

Für den Richtungswechsel werden Teile der Tragflächen und des Hecks in eine neue Position gebracht.

Ein Jumbojet wiegt so viel wie 100 Elefanten, er kann aber fliegen wie ein Vogel!

Während des Fluges bleibt der Pilot mit verschiedenen Fluglotsen in Kontakt.

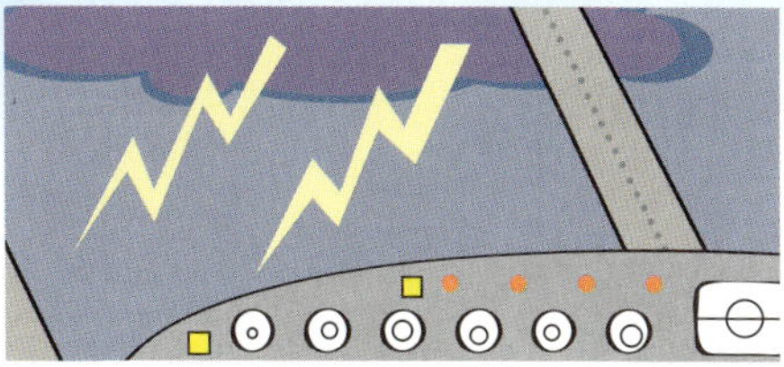

Wenn ein Sturm droht, sagen sie ihm, dass er die Richtung wechseln muss.

Flugzeuge können zwar durch Stürme fliegen, aber der Flug ist turbulent.

Die Landung

In der Nähe des Flughafens, auf dem das Flugzeug landen wird, treten die Fluglotsen mit dem Piloten in Kontakt.

Das Flugzeug fliegt tiefer. Um zu bremsen, werden an Tragflächen Klappen ausgefahren.

Die Räder werden ausgeklappt.

Ein Fluglotse sagt dem Piloten, wann er landen darf.

Wenn auf Flughäfen viel Betrieb ist, kreisen die Flugzeuge am Himmel, bis sie endlich landen dürfen.

Das Flugzeug fliegt dicht über der Landebahn und setzt schließlich auf.

Der Pilot bremst. Das Flugzeug rollt langsamer und fährt zum Vorfeld.

Der nächste Flug

Das Bodenpersonal leitet das Flugzeug mit Signalscheiben oder Leuchtstäben zum Terminal.

In weniger als einer Stunde muss das Flugzeug für den nächsten Flug vorbereitet sein.

Die Passagiere holen ihr Gepäck im Terminal ab.

Das Flugzeug wird gereinigt und betankt. Neues Gepäck wird aufgeladen.

Ein neuer Pilot und ein neuer Kopilot machen sich für den nächsten Flug bereit.

Sobald das Flugzeug wieder steht, werden Blöcke vor die Räder gestellt. So kann es nicht weiterrollen.

Weitere Flugzeuge

Es gibt Flugzeuge in vielen verschiedenen Formen und Größen.

Tarnkappen-Kampfflugzeuge sind dreieckig und haben zwei spitze Seitenleitwerke.

Die Concorde ist das schnellste Passagier-Flugzeug.

Dieses Düsenflugzeug ist viel kleiner als ein Jumbo. Es hat zwei Triebwerke und bietet nur für zehn Fluggäste Platz.

Wasserflugzeuge starten und landen auf dem Wasser.

Als Start- und Landebahn nutzen sie ruhige Gewässer.

Sie landen auf Schwimmkörpern anstatt auf Rädern.

Wichtige Begriffe

Einige Wörter in diesem Buch sind bestimmt neu für dich. Hier erfährst du, was sie bedeuten.

Das Cockpit – hier steuert der Pilot das Flugzeug mit Hilfe von Computern und Instrumenten.

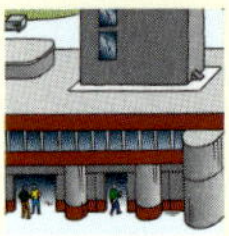

Der Terminal – das Gebäude des Flughafens, in dem die Passagiere auf ihr Flugzeug warten.

Die Rollbahn – hier starten und landen die Flugzeuge.

Das Vorfeld – der Parkplatz für Flugzeuge. Er befindet sich nahe des Terminals.

Die Bordküche – eine Küche im Flugzeug, in der die fertigen Mahlzeiten aufbewahrt werden.

Die Sicherheitsschranke – sie prüft, ob die Passagiere Gegenstände aus Metall bei sich tragen.

Die Fluglotsen – sie unterstützen den Piloten vom Kontrollturm aus.

Das Internet

Im Internet kannst du noch mehr über Flugzeuge herausfinden. Bevor du ins Internet gehst, lies die Seite 33 über »Sicherheit im Internet« am besten zusammen mit einem Erwachsenen.

Suchwörter

In neuer Rechtschreibung

ISBN 3-401-08561-1
1. Auflage 2004

Übersetzung: Harriet Grunewald

Die Originalausgabe erschien 2002 bei Usborne Publishing Ltd., Usborne House, 83–85 Saffron Hill, London ECIN 8RT, England. www.usborne.com

Redaktionsleitung: Fiona Watt
Layout: Mary Cartwright
Bildbearbeitung: John Russell
Danksagung an John Armstrong und Katie Daynes

Sicherheit im Internet

- Frag einen Erwachsenen um Erlaubnis, bevor du ins Internet gehst.
- Gib im Internet nie deinen vollen Namen, deine Adresse oder Telefonnummer an. Frag einen Erwachsenen, ob du deine E-Mail-Adresse angeben darfst.
- Wenn du dich auf einer Internetseite anmelden willst, bitte erst einen Erwachsenen um Erlaubnis.
- Wenn du eine E-Mail von einer unbekannten Person erhältst, öffne sie nicht und beantworte sie nicht. Sag einem Erwachsenen Bescheid!

Hinweis für Eltern und Erziehungsberechtigte

Der Verlag haftet nicht für den Inhalt oder die Verfügbarkeit fremder Webseiten. Insbesondere distanzieren wir uns von schädlichen, anstößigen oder fragwürdigen Inhalten, die im Internet erscheinen können. Wir empfehlen, dass Kinder nur unter Aufsicht im Internet surfen, dass sie keine „Chat Rooms" besuchen und dass Sie Programme nutzen, die gefährliche Webseiten blockieren. Bitte stellen Sie sicher, dass Ihr Kind die oben stehenden Sicherheits-Richtlinien befolgt.